AF234136

5 FÉVR. 1851

CATALOGUE

D'UNE BELLE COLLECTION

DE

CAMÉES ET INTAILLES

SUR PIERRES DURES,

TELS QUE

Onyx, Agates, Cornalines, Calcédoines, Jaspe, Saphyrs, Améthystes, Sardoines, Sardonix, Cailloux d'Égypte, Plasma antique, Topaze de Bohême, etc.,

Montés en Médaillons et Bagues en or, et non montés,

Boîtes et Tabatières en Jaspe, Agate, Bois agatisé, Écaille, etc., garnies en or,

Provenant de la succession de Milord CREWE,

DONT LA VENTE AUX ENCHÈRES PUBLIQUES AURA LIEU,

HOTEL DES VENTES MOBILIÈRES

Salle n° 3,

Rue des Jeûneurs, 42,

LES MERCREDI 5 ET JEUDI 6 FÉVRIER 1851, A MIDI.

Par le ministère de M° RIDEL, Commissaire-Priseur,
rue Saint-Honoré, n. 333,

Assisté de M. ROUSSEL, expert, rue du Dragon, n. 33.

Chez lesquels se distribue le présent Catalogue.

EXPOSITION PUBLIQUE

Le Mardi 4 Février 1851, de midi à quatre heures.

PARIS

IMPRIMERIE ET LITHOGRAPHIE DE MAULDE ET RENOU,
rue Bailleul, n. 9-11, près du Louvre.

1850

CATALOGUE

D'UNE BELLE COLLECTION

DE

CAMÉES et INTAILLES

SUR PIERRES DURES,

TELS QUE

Onyx, Agates, Cornalines, Calcédoines,
Jaspe, Saphyrs, Améthystes, Sardoines, Sardonix,
Cailloux d'Égypte, Plasma antique, Topaze de
Bohême, etc.,

Montés en Médaillons et Bagues en or, et non montés,

Boîtes et Tabatières en Jaspe, Agate, Bois agatisé,
Écaille, etc., garnies en or,

Provenant de la succession de Milord CREWE,

DONT LA VENTE AUX ENCHÈRES PUBLIQUES AURA LIEU,

HOTEL DES VENTES MOBILIÈRES

Salle n° 3,

Rue des Jeûneurs, 42,

LES MERCREDI 5 ET JEUDI 6 FÉVRIER 1851, A MIDI.

Par le ministère de M° RIDEL, Commissaire-Priseur,
rue Saint-Honoré, n. 333,

Assisté de M. ROUSSEL, expert, rue du Dragon, n. 33.
Chez lesquels se distribue le présent Catalogue.

EXPOSITION PUBLIQUE

Le Mardi 4 Février 1851, de midi à quatre heures.

PARIS

IMPRIMERIE ET LITHOGRAPHIE DE MAULDE ET RENOU,
Rue Bailleul, 9 et 11, près du Louvre.
1851

8091

D05412

ORDRE ET CONDITIONS DE LA VENTE.

On vendra dans l'ordre numérique du Catalogue.

1re VACATION, *du Mercredi 5 Février*, du n. 1 au n. 110.

2me VACATION, *du Jeudi 6 Février*, du n. 111 au n. 221.

Elle sera faite au comptant.

Les acquéreurs paieront, en sus des adjudications, 5 centimes par franc, applicables aux frais.

AVIS.

Pour éviter aux acquéreurs l'embarras d'aller acquitter les droits de contrôle à la Monnaie, et afin que chacun d'eux puisse prendre immédiatement possession de son acquisition, on a fait tout contrôler à l'avance; en conséquence, il sera perçu, en outre du prix d'achat, 75 cent. par bague et 6 fr. par tabatière, en acquit des droits perçus par la Monnaie.

DÉSIGNATION

DES OBJETS.

1 — Quatre intailles sur cornaline; bustes d'hommes et de femmes.

2 — Sept intailles sur calcédoine transparente; figures et bustes d'après l'antique.

3 — Trois intailles sur agate onyx, cristal de roche et pâte antique.

4 — Six camées sur agate orientale, représentant des masques scéniques.

5 — Quatre camées sur cornaline et agate onyx;
têtes d'homme et masques scéniques.

6 — Huit intailles antiques sur cornaline, représentant diverses figures.

7 — Deux camées sur agate onyx; une tête de
Méduse et une tête de satyre.

8 — Deux camées sur topaze de Bohême; tête de
Jupiter et tête d'Antinoüs.

9 — Trois intailles sur agate héliotrope; une
Cérès, un amour et une tête d'homme
barbu.

10 — Trois camées; tête de satyre, tête de faune
et tête de Méduse.

11 — Six Nicolo représentant divers sujets.

12 — Douze intailles sur cornaline, représentant
divers sujets.

13 — Trois camées sur agate onyx et cailloux
d'Égypte; deux bustes d'hommes et une
tête de Méduse.

14 — Deux camées sur agate onyx à trois couches; un sanglier et une biche.

15 — Trois intailles sur agate orientale; le Jugement de Pâris, Vénus et l'Amour, deux
têtes en regard, travail du xvie siècle.

16 — Deux camées sur agate héliotrope; têtes
d'empereurs laurées, travail du xvie siècle.

17 — Quatre intailles sur agate orientale rubanée;
Diane, Hercule et Antée, Mercure et
Mars, etc., travail du xvie siècle.

18 — Camée coquille fixé sur un fond de jaspe,
représentant trois têtes grotesques, monté
en médaillon d'or.

19 — Quatre cornalines intailles représentant divers sujets.

20 — Quatre cornalines intailles; bustes d'hommes et de femme.

21 — Trois camées sur agate de diverses couleurs;
deux bustes et un gladiateur assis.

22 — Trois intailles sur cornaline et agate rubanée; les bustes de César, Henri IV et
d'un philosophe de l'antiquité.

23 — Deux intailles, l'une sur agate, l'autre sur
jaspe; Mars et Vénus, le Christ en croix,
saint Jean et sainte Marie-Madeleine,
travail du xvi* siècle.

24 — Camée coquille du xvi* siècle, représentant un empereur sur un char de
triomphe; monté en médaillon d'or.

25 — Camée sur agate onyx à deux couches;
Vénus à demi-couchée sur une draperie.

26 — Deux scarabées en agate rubanée; la partie
plate offre des intailles représentant des
divinités égyptiennes.

27 — Quatre intailles sur jaspe, cornaline et sardoine, représentant divers sujets de l'antiquité.

28 — Deux intailles sur sardoine; un bige et un
monument funéraire.

29 — Deux camées sur agate onyx à trois couches; une tête de Christ et le buste de
  Minerve casquée, travail du xvie siècle.

30 — Deux intailles sur sardoine; une muse debout, Europe et Jupiter.

31 — Deux camées, l'un sur plasma, un masque
  d'homme barbu; l'autre sur sardoine
  claire, tête de femme vue de face.

32 — Deux intailles sur agate orientale rubanée;
  sujets mythologiques, travail du xvie siècle

33 — Trois intailles sur agate orientale rubanée;
  Neptune sur son char et deux sujets allégoriques.

34 — Trois cornalines intailles; Hercule et Omphale, la marche de Silène, deux fois
  répétée.

35 — Deux camées sur agate onyx à deux couches; la Vierge et l'Enfant-Jésus, travail
  du xvie siècle, avec inscription au revers;
  l'autre une tête de Méléagre.

36 — Intaille sur onyx à trois couches; sujet de
  Bacchanale.

37 — Intaille sur sardoine à deux couches; une
  victoire sur un bige.

38 — Camée sur jade vert; buste d'homme lauré
  et barbu, monté en médaillon d'or.

39 — Deux intailles sur cristal de roche; le Christ
  en croix avec les saintes femmes au pied,
  un sujet mythologique composé d'un
  grand nombre de figures, travail du
  xvie siècle.

40 — Intaille sur cristal de roche; le Christ de-
vant Pilate, composition d'un grand
nombre de figures, travail du XVIᵉ siècle.

41 — Trois intailles sur cornaline et cristal enfumé; trois bustes d'hommes barbus montés en bagues d'or.

42 — Deux intailles, l'une sur cornaline, tête de
Jupiter; l'autre sur calcédoine, tête d'A-
riane, montées en bagues d'or.

43 — Deux intailles, l'une sur jaspe sanguin, tête
de César; l'autre sur sardoine claire,
tête de Pallas, montées en bagues d'or,
travail du XVIᵉ siècle.

44 — Deux intailles sur sardoine rubanée; la
Vierge et l'Enfant-Jésus, Mars couronné
par un guerrier, montées en bagues d'or,
travail du XVIᵉ siècle.

45 — Deux intailles, l'une sur cornaline, offrande
dans un temple; l'autre sur sardoine avec
sujet historique, travail du XVIᵉ siècle.

46 — Quatre intailles sur diverses matières, représentant des têtes d'hommes et de
femmes, montées en bagues d'or.

47 — Intaille sur sardoine; Mars debout portant
une cuirasse, travail du XVIᵉ siècle, montée en bague.

48 — Deux intailles, l'une sur cornaline, représentant le baptême de Jésus par saint
Jean; l'autre, également sur cornaline,
représentant un saint faisant le portrait
de la Vierge, montés en bagues d'or.

49 — Deux intailles sur sardoine à deux couches;
tête de Vénus et d'Antinoüs, montées en
bagues d'or.

50 — Cornaline intaille; trois têtes d'empereurs
laurées, travail du xvi⁰ siècle, montée en
bague d'or.

51 — Quatre intailles sur cornaline; bustes
d'hommes et de femmes, montés en bagues.

52 — Deux cornalines intailles, têtes d'hommes,
montées en bagues.

53 — Trois intailles; une tête d'Antinoüs sur topaze de Bohême, tête de philosophe sur
cristal de roche, et une tête d'empereur
sur calcédoine saphirine, montées en bagues.

54 — Intaille sur cornaline; tête de Cérès, monture en bague d'or émaillé.

55 — Deux intailles sur cornaline; l'une représentant un sacrifice, l'autre un combat,
montées en bagues.

56 — Deux intailles; l'une sur sardoine, une Victoire sur un bige; l'autre sur calcedoine,
un homme agenouillé, toutes deux montées en bagues d'or.

57 — Deux intailles sur jaspe vert; l'une représentant saint Sébastien percé de flèches;
l'autre un combat de cavalerie, montées
en bagues.

58 — Deux intailles sur améthyste; un scarabée
et une inscription, montées en bagues d'or.

59 — Intaille sur sardoine; guerrier faisant une
offrande, montée en bague d'or.

60 — Intaille sur sardoine foncée; Patrocle mort
porté par Ajax, montée en bague d'or.

61 — Intaille sur cornaline; Hercule jeune portant un thyrse, montée en bague.

62 — Deux intailles sur sardoine barrée; un
guerrier debout et un prêtre de Diane,
montées en bagues.

63 — Deux intailles sur calcédoine; une Vénus et
une divinité marine, montées en bagues.

64 — Deux intailles sur sardoine; Hercule et Minerve, l'Amour et la Fidélité, montées en
bagues.

65 — Deux intailles sur sardoine; un sujet mythologique et un guerrier assis, montées
en bagues.

66 — Deux intailles sur améthystes; une tête
d'empereur laurée, une tête d'Hercule
jeune, montées en bagues.

67 — Deux Nicolo montés en bagues d'or.

68 — Deux intailles; l'une sur sardoine, une tête
d'homme avec entourage de grenats et
turquoise, l'autre sur sardoine avec entourage de roses, montées en bagues d'or.

69 — Deux intailles sur sardoine, sujets variés,
montées en bagues.

70 — Deux intailles sur calcédoine; l'Amour sur
un char traîné par deux oiseaux, avec entourage de rubis, l'autre un cygne, montées en bagues.

71 — Deux intailles sur calcédoine; Jupiter assis,
l'autre un guerrier tenant un bouclier,
avec entourage de rubis, montées en bagues.

72 — Deux intailles sur calcédoine; la Justice,
avec entourage de rubis; l'autre, berger
et chèvre.

73 — Camée sur agate à deux couches; Cléopâtre
se faisant piquer par l'aspic, travail du
xvie siècle, monté en bague.

74 — Deux camées sur agate onyx; un buste
d'homme et une tête d'Hercule, montés
en bagues.

75 — Deux camées sur agate onyx à deux couches;
têtes d'empereurs romains, et une tête de
Socrate, travail du xvie siècle, montés en
bagues.

76 — Deux camées sur agate à deux couches;
buste de Cléopâtre, avec entourage de
perles, et un buste de femme, travail du
xvie siècle, montés en bagues.

77 — Deux camées sur agate à deux couches; une
tête de Laocoon et une tête de jeune
homme, montés en bagues.

78 — Deux camées sur agate onyx à deux couches; un masque scénique et un buste à
deux faces, montés en bagues.

79 — Camée sur agate à deux couches; Vénus assise sur une draperie, monté en bague.

80 — Camée sur cornaline onyx à quatre couches; l'Amour avec les attributs de la force, monté en bague.

81 — Camée sur agate onyx à deux couches; l'Annonciation de la Vierge, travail du xvi° siècle, monté en bague.

82 — Camée sur agate onyx à deux couches; Actéon changé en cerf; monté en bague.

83 — Deux camées sur agate onyx; une tête d'Hercule et une tête de femme, montés en bagues.

84 — Deux camées, l'un sur améthyste, tête d'homme; l'autre sur agate, tête d'enfant, montés en bagues.

85 — Deux camées sur agate onyx; bustes de femme, travail du xvi° siècle, montés en bagues.

86 — Trois camées sur agate onyx; deux bustes de femmes et une tête de jeune homme, montés en bagues.

87 — Camée sur agate à deux couches; enfant cueillant des fruits, travail du xvi° siècle, avec entourage de roses, monté en bague.

88 — Camée sur agate onyx à deux couches; Ganimède et l'aigle, travail du xvi° siècle, avec entourage de roses, monté en bague d'or.

89 — Deux camées sur agate onyx à plusieurs
couches ; deux bustes superposés et une
tête de Jupiter Ammon, travail du xvi* siècle, montés en bagues.

90 — Grand camée sur agate de Champigny; une
tête de satyre couronnée de pampres,
bon travail de style antique.

91 — Grand camée sur agate de Champigny; Victoire sur un bige tenant une couronne.

92 — Camée sur sardoine claire; buste de Xéno-
phon.

93 — Camée sur jaspe à deux couches; Jupiter
assis tenant la foudre, auprès de lui
l'aigle; ce sujet est entouré d'une guir-
lande de lauriers.

94 — Grand camée sur jaspe à deux couches,
tendre et dur; Jupiter et les Titans, d'un
bon travail.

95 — Camée sur jaspe vert; le buste de César,
bon travail du xvi* siècle.

96 — Camée sur sardoine; l'enlèvement de Pro-
serpine, ce quadrige est conduit par
Mercure.

97 — Très grand camée sur agate de Champigny;
tête d'Hercule coiffée de la peau du lion.

98 — Camée sur albâtre oriental; combat des
Horaces et des Curiaces, et une tête d'empereur romain, en jaune antique.

99 — Deux camées sur pierres lithographiques ; un buste d'empereur romain et le buste d'Henri III, tous deux travail du xvi° siècle.

100 — Deux camées; une tête de satyre sur pierre calcaire à deux couches, et une tête de Jupiter sur agate onyx, partie tendre et partie dure.

101 — Quatre camées sur agate onyx, représentant divers animaux : un sanglier, un chien, un oiseau.

102 — Quatre camées sur agate onyx à plusieurs couches; bustes de femmes et d'hommes.

103 — Deux camées sur agate; têtes d'empereurs.

104 — Camée sur agate, tête d'homme barbu.

105 — Deux camées sur agate onyx; une tête d'homme et une tête de satyre.

106 — Trois intailles sur sardoine, sujets mythologiques.

107 — Deux intailles sur améthystes, une tête de femme ; et l'autre sur aigue-marine, sujet d'un sacrifice.

108 — Deux camées sur agate à deux couches; Hercule étouffant un lion, et Prométhée sur le rocher.

109 — Deux sardoines intailles; l'Adoration des bergers, Vénus et l'Amour.

110 — Deux camées sur agate; l'Amour et Vénus et un lion dévorant un taureau.

111 — Deux sardoines intailles; un sacrifice et un aigle.

112 — Deux sardoines intailles, sujets mythologiques.

113 — Deux camées, l'un sur jaspe vert et l'autre
sur calcédoine blanche; têtes d'empereurs
romains.

114 — Sardoine intaille; combat des Horaces et
des Curiaces.

115 — Camée sur cornaline; combat des Horaces et
des Curiaces.

116 — Deux camées sur agate onyx; un faune portant un thyrse, et un faune portant une
peau de panthère.

117 — Deux camées sur calcédoine à deux couches,
sujets mythologiques.

118 — Intaille sur topaze de Bohême; les trois
Grâces (signé) PICKLER.

119 — Grand camée sur calcédoine à deux couches;
tête de Mars casquée.

120 — Deux intailles sur cristal de roche enfumé;
une tête de Méduse, et l'autre sur cristal
de roche vert, Hercule et Omphale.

121 — Deux camées sur agate onyx à trois couches;
le buste de Mars et une tête de femme.

122 — Deux camées; l'un sur agate onyx à trois
couches, tête d'Hercule montée en médaillon d'or; l'autre sur jaspe onyx, portrait de femme.

123 — Deux intailles sur sardoine, sujets mythologiques.

124 — Camée agate à deux couches; lion terras-
sant un serpent, près de lui un amour
ailé.

125 — Deux camées sur agate onyx à deux couches; l'un représente un sujet de bacchanale, l'autre un combat de cavaliers
sur un pont.

126 — Deux camées sur agate onyx; l'un représente Sixte Quint, et l'autre une tête de
jeune femme et une tête de satyre.

127 — Grand camée sur agate de Champigny,
sujet historique.

128 — Camée sur agate de Champigny; la tête de
l'empereur Adrien.

129 — Un intaille sur agate à deux couches, tête
de Méduse.

130 — Grand camée sur calcédoine blanche, sujet
mythologique.

131 — Deux grands camées sur agate onyx; une
tête d'empereur laurée et une tête de
satyre.

132 — Trois camées sur agate à plusieurs couches,
deux têtes d'hommes laurées et une tête
de femme.

133 — Grand camée, portrait d'homme sur pechstein
à trois couches; très-bon travail.

134 — Camée coquille fixé sur fond d'agate saphirine; portrait d'homme barbu, médaillon
monté en or.

135 — Trois camées sur agate; buste d'homme et
de femme.

136 — Deux camées sur cornaline; sur l'un, deux
bustes d'empereurs romains en regard;
sur l'autre, deux figures grotesques.

137 — Camée sur agate; portrait d'un personnage
du temps de Louis XIV, très-bon travail.

138 — Grand camée sur sardoine; tête d'empereur couronnée.

139 — Camée sur agate à deux couches; portraits
d'Henri II et Diane de Poitier, travail
du xvi° siècle.

140 — Camée sur topaze blanche; le buste de
Cléopâtre.

141 — Grand camée sur calcédoine blanche à deux
couches, sujet mythologique.

142 — Trois camées sur agate onyx représentant
divers sujets et deux masques antiques
sur la même pierre; montés en bagues
d'or.

143 — Trois camées sur agate à plusieurs couches; un buste d'homme barbu, un buste
de femme, Vénus et l'Amour; montés en
bagues d'or.

144 — Un camée sur cornaline à quatre couches;
d'un côté, un buste d'homme barbu et
de l'autre un guerrier debout tenant une
pique et un bouclier, et une autre bague
avec fragment de camée antique tête
d'empereur laurée, montés en bagues
d'or.

145 — Trois intailles, une sur aigue-marine, tête
d'homme; le jugement de Pàris sur agate
grise, et un sacrifice sur cornaline;
montés en bagues.

146 — Quatre camées sur diverses matières représentant des bustes d'hommes; montés en
bagues.

147 — Deux camées du xviᵉ siècle sur agate
onyx; une offrande et le triomphe d'Amphitrite.

148 — Trois camées sur agate onyx, deux bustes
de femme, travail du xviᵉ siècle et uné
tête d'empereur, travail antique; montés
en bagues d'or.

149 — Quatre camées sur agate onyx; tête
d'homme et de femme.

150 — Six intailles sur cornaline représentant divers sujets montés en bagues d'or.

151 — Six intailles sur cornaline et calcédoine
représentant divers sujets; montés en
bagues d'or.

152 — Quatre intailles sur sardoine et cornaline,
un cheval ailé, un vaisseau, un guerrier
assis, deux lutteurs; montés en bagues
d'or.

153 — Six intailles sur cornaline et sardoine
représentant divers sujets montés en
bagues d'or.

154 — Trois cornalines intailles; Jupiter et Léda,
deux gladiateurs mourants, avec inscription grecque, et une bacchante.

155 — Trois cornalines et un jaspe intailles représentant divers sujets; montés en bagues d'or.

156 — Quatre cornalines et calcédoine intailles, représentant divers sujets; montés en bagues d'or.

157 — Six intailles sur diverses matières représentant des animaux variés; montés en bagues d'or.

158 — Trois intailles, un lion sur jaspe vert, monture de bague d'or émaillé; une tête casquée sur jaspe rouge, monture en or émaillé; un Nicolo guerrier debout, montés en bagues d'or.

159 — Trois bagues l'une avec intaille sur saphir, tête d'Hercule; un intaille sur plasma antique, amour debout tenant un cercle; un Nicolo; montés en bagues.

160 — Cinq intailles sur diverses matières; bustes d'hommes et de femmes montés en bagues d'or.

161 — Deux camées sur agate onyx à deux couches; bustes de femmes dont un garni en or, travail du xvi° siècle.

162 — Quatre camées sur agate onyx à plusieurs couches; bustes d'hommes et de femmes.

163 — Trois camées sur agate onyx à deux et trois couches; une tête d'Apollon, tête d'empereur Romain et une tête d'Alexandre.

164 — Trois camées sur agate à plusieurs couches;
Jupiter et Léda, Psyché, une Naïade et
un Triton.

165 — Trois camées sur agate onyx ; l'Amour et
Psyché, une bacchante, les trois Grâces.

166 — Trois camées sur agate onyx à deux couches;
une bacchante, une vestale, un suivant de
Bacchus.

167 — Grand camée sur sardonyx orientale ; le
buste d'Alexandre placé au centre d'une
couronne de lauriers, très-belle pierre et
très-beau travail.

168 — Un camée sur sardonyx orientale à deux
couches ; un triomphateur placé dans un
quadrige et couronné par la Victoire.

169 — Trois camées sur cornaline à deux couches ;
l'Amour et Ariane et deux autres sujets,
jeux d'enfants.

170 — Deux camées sur agate onyx à deux couches;
Jupiter et l'aigle, et un autre sujet d'a-
près l'antique.

171 — Une tabatière en agate montée en or, sur le
couvercle un camée sur onyx à deux
couches représentant Neptune sur son
char traîné par des chevaux marins.

172 — Une tabatière ovale en bois agatisé garnie
en or, sur le couvercle un camée représentant Hercule Farnèse.

173 — Trois camées sur calcédoine blanche représentant divers sujets de l'antiquité.

174 — Quatre c mées sur calcédoine blanche représentant plusieurs sujets dont Prométhée dévoré par le vautour.

175 — Trois camées sur agate à trois couches ; une
Victoire sur un bige, un sujet de chasse
et un sujet de vendanges.

176 — Quatre camées sur agate onyx à plusieurs
couches ; têtes d'hommes et de femmes.

177 — Quatre camées sur agate onyx ; bustes
d'hommes et de femmes, la plupart du
XVI° siècle.

178 — Trois camées sur agate onyx ; deux têtes de
femme et un portrait d'homme du temps
de Louis XV, d'un très-beau travail.

179 — Quatre camées sur agate onyx représentant
divers sujets dont l'Amour et Psyché.

180 — Trois camées sur agate onyx à deux couches
représentant divers sujets dont Romulus
et Rémus.

181 — Quatre camées sur agate onyx à plusieurs
couches ; Prométhée, une Vestale, un
Amour et une Bacchante ; cette dernière
d'un travail antique porte une inscription
grecque au revers.

182 — Une tabatière à cuvette en jaspe héliotrope
garnie en or, sur le couvercle une tête
d'empereur en agate rouge rapportée sur
fond d'agate grise.

183 — Une tabatière à curette en agate garnie en
or, sur le couvercle un camée en sardoine
représentant une tête d'empereur lauré
entourée de quatre autres petit camées.

184 — Une boite carré-long en écaille noire
garnie en or, le couvercle est disposé
pour recevoir un camée.

185 — Très-grand camée sur calcédoine blanche
à plusieurs couches; tête d'Hercule
laurée.

186 — Grand camée sur agate à trois couches,
la Nuit sur son char.

187 — Très-grand camée sur calcédoine blanche;
le triomphe d'Amphitrite.

188 — Camée de haut relief; tête de Jupiter vue
de face sur onyx de Champigny.

189 — Deux bustes d'hommes barbus exécutés de
haut relief sur onyx de Champigny.

190 — Très-grand camée sur sardoine claire; le
triomphe de César sur un quadrige.

191 — Camée sur onyx de Champigny; buste d'un
jeune homme d'après l'antique.

192 — Camée sur silex; Angélique et Médor,
monté en médaillon.

193 — Deux camées sur agate; tête de Méduse et
un fragment de camée, Victoire tenant un
bouclier.

194 — Deux camées sur agate onyx; une tête de
Jupiter et une tête de femme.

195 — Trois camées, bustes d'hommes sur agate
onyx.

196 — Trois camées sur agate et cailloux d'E-
gypte.

197 — Quatre camées, bustes d'homme et de femme
sur agate onyx.

198 — Trois camées sur agate onyx.

199 — Huit camées sur diverses matières; têtes
d'homme et de femme.

200 — Six camées, bustes d'empereurs Romains et
bustes de femmes.

201 — Quatre camées sur agate onyx à plusieurs
couches représentant divers sujets.

202 — Six camées sur agate onyx à deux couches,
divers sujets, la plupart du xvi° siècle.

203 — Quatre camées sur agate onyx à plusieurs couches; têtes d'hommes et de
femme.

204 — Trois camées sur agate onyx; deux têtes et
une figure allégorique.

205 — Quatre camées sur agate onyx; têtes
d'hommes et de femmes.

206 — Trois camées sur agate onyx dont deux re-
présentent des sujets allégoriques et
l'autre deux bustes d'hommes.

207 — Six camées sur agate onyx; bustes d'hommes
et de femmes.

208 — Quatre camées snr silex, représentant des
bustes d'hommes et de femmes.

209 — Deux camées montés en bagues; un mouton
et un singe.

210 — Quatre camées sur diverses matières; têtes
d'hommes montées en bagues d'or.

211 — Trois camées sur agate onyx, deux lions et
un chien ; montés en bagues d'or.

212 — Cinq camées sur diverses matières, bustes
d'hommes montés en bagues d'or.

213 — Deux camées sur agate onyx; une statue
équestre et une tête de femme montés en
bagues d'or.

214 — Deux camées sur agate onyx, deux béliers,
travail antique, et un amour montés en
bagues d'or.

215 — Trois intailles sur jaspe vert, sujets antiques
montés en bagues d'or.

216 — Deux intailles, l'un sur cornaline, l'autre
sur Nicolo ; montés en bagues d'or.

217 — Deux intailles, l'un sur cornaline, et l'autre
sur jaspe rouge ; montés en bagues d'or.

218 — Deux intailles sur sardoine barrée ; montés
en bagues.

219 — Deux bagues avec intailles dont une à
double chaton.

220 — Cinq bagues dont les chatons sont ornés
de calcédoine, cornaline et autres matières.

221 — Deux bagues avec camées sur diverses matières.

Imp. de Moulde et Renou, rue Bailleul 9-11.

www.ingramcontent.com/pod-product-compliance
Lightning Source LLC
LaVergne TN
LVHW010510060726
842527LV00005B/1982